Narcisa Bayer

Knopf und Filz

Creative Geschenkideen & Wohn-Accessoires

OZ creativ

Narcisa Bayer ist
Dipl. Modedesignerin
und Moderedakteurin.
Nach dem Studium in der
Modemetropole Paris
führt sie ihren Beruf in
Deutschland aus

VORWORT

Liebe Leserinnen, liebe Leser,

willkommen im Paradies der Knöpfe! Ob als Schmuck oder zur Gestaltung kleiner Kunstwerke und Accessoires – die Einsatzmöglichkeiten für Knöpfe sind erstaunlich vielfältig.

Als kleines Mädchen war ich sehr fasziniert von der Knopfkiste meiner Oma. Wie edle Steinchen in vielen Farben und Größen wirkten sie geheimnisvoll auf mich. Da gab es den „Riesengroßen", der früher vielleicht an einen Herrenmantel gehörte, den „Winzling", der sicher eine Seidenbluse meiner Oma geschmückt hatte, das „Glasauge", die „Clowns", so bunt und witzig wie ihr Name, und natürlich die „Lady", eine goldschimmernde Blütenform.

Die meisten Modelle in diesem Buch sind ganz einfach zu realisieren. Die genauen Arbeitsanleitungen werden – wo nötig – durch Schemazeichnungen und Vorlagen ergänzt. Besondere Näharbeiten erklärt ein Grundkurs.

Als Stoffpartner habe ich überwiegend Filz gewählt. Es gibt ihn in vielen Variationen, Stärken und auch wunderschönen Farben.

Lassen Sie sich von den neuen Trendideen mit Pfiff zum Nacharbeiten verführen – ich wünsche Ihnen viel Spaß und Fantasie dabei!

Narcisa Bayer

INHALT

✦ = für Anfänger   ✦✦ = Vorkenntnisse erforderlich   ✦✦✦ = für Fortgeschrittene

Schmetterlingsbild

Größe:
70 x 90 cm

Vorlage:
Nr. 1, S. 41

Schwierigkeitsgrad:
◆

Im Bilde

Ein bisschen sommerliches Flair das ganze Jahr über? Kein Problem mit diesem hübschen Bild aus lauter Schmetterlingen, das eine ungewöhnliche Wanddekoration darstellt. Die Grundsymmetrie der schachbrettartig angeordneten Rechtecke wird durch die Schmetterlingsformen aufgebrochen, so dass dieser Wandschmuck zu verschiedenen Einrichtungsstilen passt.

Schmetterlingsbild

MATERIAL

- Filzstoff in Hellblau, Oliv und Grasgrün, 140 cm breit, je 0,25 m
- Filzstoff in Mittelblau, 140 cm breit, 0,15 m
- Filzstoff in Dunkelblau, 140 cm breit, 0,10 m
- Selbstklebefilz in Blau, 90 cm breit, 0,80 m
- 9 Kugelknöpfe in Schwarz
- je 6 große Knöpfe in Royal, Türkis und Grün
- je ca. 9-13 kleine Knöpfe mit 3 verschiedenen Musterungen und in unterschiedlichen Farben
- 1 Keilrahmen für Öl- und Acrylfarben, 70 x 90 cm (Baumarkt, Künstlerbedarf)
- stärkerer Karton
- dünner Filzstift in Schwarz
- Bastelkleber
- Schere
- Nadel
- Garn, farblich passend zu den Filzstoffen

SO WIRD ES GEMACHT

1. Nach der Vorlage auf Seite 41 Schmetterlinge in verschiedenen Größen und in unterschiedlichen Farben ausschneiden wie folgt:
- drei große Schmetterlinge von ca. 22 x 28 cm in Hellblau, Grasgrün und Oliv;
- drei mittlere Schmetterlinge von ca. 14 x 18 cm in Oliv, Hellblau und Mittelblau;
- je vier kleine Schmetterlinge von ca. 9 x 12 cm in Grasgrün, Hellblau und Blau (aus dem Selbstklebefilz);
- drei kleine Schmetterlinge von ca. 9 x 12 cm in Dunkelblau;
- je einen kleinen Schmetterling in Mittelblau und Oliv.
Dazu die Vorlagen auf den Karton übertragen, ausschneiden, auf den Filz legen und die Konturen mit dem Filzstift nachfahren.

2. Je einen kleinen grünen, hellblauen und blauen Schmetterling mit dem Selbstklebefilz verstärken, da sie später plastisch ins Bild genäht werden und deshalb mehr Stand brauchen. Zuerst grob aus dem Filz und aus dem Selbstklebefilz ausschneiden. Die Filzteile auf die Selbstklebefilzteile aufkleben und dann die Konturen genau nachschneiden.
3. Nun aus dem selbstklebenden Filz drei Rechtecke von jeweils 30 x 35 cm ausschneiden und sie so auf die Bildfläche kleben, dass sie mit dem weißen Untergrund ein Schachbrettmuster bilden.
4. Anschließend die großen und die mittelgroßen Schmetterlinge mit dem Bastelkleber fixieren, wie auf dem Foto zu sehen ist. Die drei kleinen, mit Selbstklebefilz verstärkten Schmetterlinge mit jeweils drei Kugelknöpfen mit Fadenstichen mittig auf die größeren Schmetterlinge setzen und so annähen, dass bis hinter die Bildunterlage durchgestochen wird.
5. Zum Schluss die restlichen kleinen Schmetterlinge mit dem Bastelkleber auf die weißen Flächen kleben und sie fantasievoll mit den Zierknöpfen versehen.

TIPP

Damit die Kugelknöpfe den Körper der plastisch dargestellten Schmetterlinge besser halten, kleben Sie über die Nähstiche auf der Rückseite des Bildes ein Stück Selbstklebefilz. Sie können den Filz natürlich auch in anderen Farben wählen – je nachdem welche am besten zu Ihrer Einrichtung passen.

Mit Perlmuttknöpfen bekommt Ihr Hut ein neues Gesicht für die aktuelle Rennsaison

Tasche
Größe:
25 x 16 cm
Vorlage:
Nr. 2, S. 41
Schwierigkeitsgrad:

Hutband
Größe:
für alle Hutgrößen
Schwierigkeitsgrad:

Fertig zum Ausgehen

Ein einfacher Hut, den hübsche Knöpfe zu einem dekorativen Blickfang machen, und eine Tasche, die durch originelle Knopfapplikationen fast zu einem Designerstück wird – und schon haben Sie die perfekte Ergänzung zu Ihrem Ausgeh-Outfit.

Tasche

MATERIAL

- Filzstoff in Anthrazit, 140 cm breit, 0,20 m
- Klebefilz, 140 cm breit, 0,20 m
- ca. 85 Perlmuttknöpfe in verschiedenen Größen
- 1 Taschenbügel
- evtl. fertiges Band für die Schlaufen, ca. 10 cm
- 2 kleine Karabinerverschlüsse
- 1 Magnetverschluss
- Schere
- Nähmaschine
- Garn, farblich zu den Knöpfen passend

SO WIRD ES GEMACHT

1. Für die Vorder- und die Rückseite der Tasche den Filz entsprechend der Vorlage auf Seite 41 zweimal grob zuschneiden. Für die Futterseite den Klebefilz nach derselben Vorlage ebenfalls nur grob zuschneiden.
2. Auf das Vorderseitenstück viele Perlmuttknöpfe in mehreren Größen und Formen aufnähen. Dabei beachten, dass für die Kanten der Tasche ca. 2 cm frei bleiben müssen.
3. Die Vorderseite und das Futterstück aus dem Klebefilz zusammenkleben, entsprechend der richtigen Kontur säuberlich nachschneiden, ebenso die Taschenrückseite nachschneiden.
4. An der Kante für die Öffnung auf beiden Seiten mittig die Magnetverschlussteile von links aufsteppen.
5. Für die Henkelschlaufen aus dem Filz zwei kleine Streifen von ca. 6 cm Länge zuschneiden – die Breite richtet sich nach den Karabinerschlaufen – oder das Band in zwei gleich lange Teile zerschneiden.
6. Beide Taschenseiten links auf links aufeinanderlegen und ca. 3 mm vom Rand weg zusammensteppen. Dabei am oberen Rand seitlich die kleinen Schlaufen aus Filz oder auch aus dem fertigen Band mitsteppen.
7. Abschließend den Henkel mit den Karabinerverschlüssen in die Schlaufen hängen.

TIPP

Sollten die Filzlagen für die normale Nähmaschine zu dick sein, können Sie die Steppung in einem Schustergeschäft problemlos nähen lassen. Für mehr Originalität suchen Sie einen kontrastfarbigen Klebefilz für die Innenseite aus.

Hutband

MATERIAL

- 1 vorhandener Hut
- Seidensatin, 140 cm breit, 0,10 m
- ca. 90 Perlmuttknöpfe in verschiedenen Größen und Formen
- Schere
- Garn

SO WIRD ES GEMACHT

1. Den Stoffstreifen der Länge nach rechts auf rechts zusammensteppen, wenden und entsprechend dem Kopfumfang abschneiden. Aus dem Reststoff eine kleine Schlaufe nähen.
2. Das Band um den Hut legen und mit der Schlaufe zusammenhalten. Es nach Lust und Laune mit den Knöpfen besticken. Sie dabei so am Hut fixieren, dass das Satinband nicht rutschen oder hängen kann.

Passend dazu können Sie eine Fernsehdecke mit Blütendekor gestalten

Kissen

Größe:
50 x 50 cm

Vorlage:
Nr. 3, S. 44

Schwierigkeitsgrad:
◆

Kleiner Blütenreigen

Kissen wirken immer wohnlich und verleihen einem Raum eine gemütliche Atmosphäre. Die Blüten vermitteln zusätzlich eine gewisse Leichtigkeit, die eine besondere Stimmung erzeugt. Dieses Wohnaccessoire wird alle begeistern, die Duftiges lieben.

Kissen

MATERIAL

- Filzstoff in Dunkelblau, 160 cm breit, 0,50 m
- Filzstoffe in verschiedenen Blau- und Grüntönen, 140 cm breit, jeweils ca. 10 cm
- ca. 15 unterschiedliche Knöpfe
- evtl. 1 Reißverschluss für die Kissenhülle, farblich passend zum Filz
- 1 Kissenfüllung
- Karton
- dünner Filzstift in Schwarz
- Schere
- Nähmaschine
- Nadel
- Garn, farblich passend zu den Stoffen

SO WIRD ES GEMACHT

1. Aus dem blauen Filzstoff mit der Schere zwei je 50 x 50 cm große Quadrate zuschneiden.
2. Die Blütenvorlage auf Seite 44 in unterschiedlichen Größen auf den Karton übertragen und ausschneiden. Die Vorlagen auf die Filzstoffe in den Blau- und Grüntönen legen und die Konturen mit dem Filzstift nachzeichnen. Die Blüten ausschneiden, sie auf einem der beiden Quadrate harmonisch verteilen und mittels der Knöpfe fixieren.
3. Die Kissenseiten links auf links aufeinander legen und ca. 3 mm vom Rand entfernt mit der Nähmaschine zusammensteppen. Dabei eine Seite für das Füllen offen lassen. Das Kissen füllen und die Öffnung zusteppen.

4. Sollte die Kissenhülle öfters gewaschen werden, so kann man alternativ die Rückseite mit Knöpfen oder mit einem Reißverschluss versehen. Wie das jeweils geht, zeigt Ihnen der Grundkurs auf Seite 38/39. Dabei beachten, dass man bei Filzstoffen keine Nahtzugaben benötigt, da die Kanten nicht verstürzt werden müssen.
5. Ist der Reißverschluss eingenäht, die Kissenplatten links auf links zum Zusammensteppen aufeinander legen. Mit der Nähmaschine rundherumsteppen und die Hülle durch den geöffneten Reißverschluss wenden. Das Kissen füllen und den Reißverschluss schließen.

TIPP

Schneiden Sie in die Mitte jeder Blüte einen Schlitz in der Größe des jeweiligen Knopfes. So können Sie die Blüten „abknöpfen", die Farben variieren oder auch das Kissen ohne Blumen, nur mit Knopfdekor immer wieder neu gestalten.

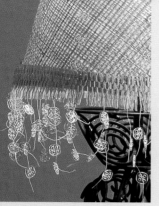

Baststoff lässt sich prima besticken. Man braucht allerdings etwas Fingerspitzengefühl, da er leicht ausfranst

Es werde Licht...

Wohnaccessoires wie hübsche Lampen gehören zu einer Raumausstattung wie Schmuck zur Kleidung. Erst sie verleihen einem Wohnzimmer die richtig gemütliche Atmosphäre. Dabei kommt es nicht nur auf den Stil des Lampenfußes an, sondern sehr wesentlich auch auf Farbe und Gestaltung des Lampenschirms, die zur Einrichtung passen und deren Wirkung unterstreichen sollen.

Lampenschirm

Größe:
ca. 45 cm
(Lampenschirmhöhe)

Schemazeichnung:
Nr. 4, S. 40

Schwierigkeitsgrad:
◆ ◆ ◆

Lampenschirm

MATERIAL

- Baststoff, 0,50 m, 120 cm breit
  Bastfäden (als Packung erhältlich)
- transparente Folie, 0,50 m, 120 cm breit
- 1 Lampe mit Lampenschirm
- ca. 310 transparente Knöpfe
- Seidenpapier
- dünner Filzstift in Schwarz
- Bastelkleber
- Schere
- Tesa-Film
- Nähnadel
- dicke Nadel
- Garn
- Maßband

SO WIRD ES GEMACHT

1. Mit dem Maßband die genauen Maße vom Lampenschirm abnehmen und mit dem Filzstift auf das Seidenpapier übertragen. Die Vorlage ausschneiden. Alternativ die Schemazeichnung auf Seite 40 verwenden.
2. Den so entstandenen Schnitt auf den Baststoff sowie auf die transparente Folie übertragen und mit jeweils 1 cm Naht- bzw. Klebezugabe zuschneiden. Alle Kanten des Baststoffs mit Tesa-Film bekleben, damit er nicht ausfranst.
3. Die Linien für das Knopfdekor auf der Rückseite des Stoffs mit dem dünnen Filzstift fächerförmig und gleichmäßig aufzeichnen. Auf der rechten Seite die Knöpfe mit dem Garn annähen.

4. Die geraden Außenkanten der Folie mit dem Bastelkleber aufeinander kleben. Geraden Kanten des Baststoffs entweder ebenfalls mit dem Bastelkleber zusammenkleben oder von Hand zusammennähen. Folie und Baststoff wie eine Husse (Überwurf) über den Lampenschirmhalter stülpen.
5. Nun die Fransen für den unteren Rand des Lampenschirms arbeiten. Dazu zuerst die Bastfäden mit der Schere in 8 bis 15 cm lange Stücke schneiden. Dann auf jeden Bastfaden mehrere Knöpfe auffädeln. Der Abschlussknopf wird jeweils mit dem Bastfaden verknotet. Die fertigen Fransen am Rand des Lampenschirms durchziehen und verknoten.
6. Den oberen und den unteren Abschluss des Lampenschirms jeweils so mit einem Baststreifen verzieren, dass der Tesa-Film-Streifen nicht zu sehen ist. Dazu aus dem Baststoff zwei gerade Streifen von jeweils ca. 3 cm Breite zuschneiden. Die Länge entspricht der Länge der Lampenschirmränder. Die Streifen an den Längsseiten mit der dicken Nadel vorsichtig ausfransen. Mit dem Bastelkleber auf die mit Tesa beklebten Kanten kleben oder von Hand aufnähen.

TIPP

Sollte der vorhandene Lampenschirm kaputt sein, können Sie ihn einfach abziehen, auf das Seidenpapier legen und die Konturen mit dem Filzstift nachzeichnen.

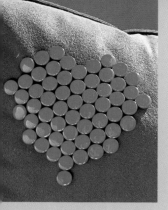

Wir haben hier Knöpfe mit einem Durchmesser von 1,5 cm verwendet

Kissen mit Herzen

Größe:
50 x 50 cm

Vorlage:
Nr. 5, S. 40

Schwierigkeitsgrad:
◆◆

Herzkissen

Größe:
ca. 23 cm

Vorlage:
Nr. 6, S. 41

Schwierigkeitsgrad:
◆

„Herzliche" Kissen

„Ein Kissen sagt mehr als tausend Worte" – so könnte man hier ein bekanntes Sprichwort abwandeln. Egal, ob Sie ein solches Kissen verschenken oder es als Dekoration für den Sitzplatz Ihres Gastes verwenden, Sie zeigen ihm oder ihr damit auf originelle Weise Ihre Zuneigung.

Kissen mit Herzen

MATERIAL

- Filzstoff in Pink, 140 cm breit, 0,50 m
- Filzstoff in Orange, Lila und Rot, 140 cm breit, je 0,25 m
- je 58 Knöpfe in Pink, Gelb, Rot und Lila
- 1 Füllkissen, 50 x 50 cm
- Bastelkleber
- dünner Filzstift in Schwarz
- Schere
- Nähmaschine
- Nadel
- Garn, farblich passend zum Filz

SO WIRD ES GEMACHT

1. Aus allen Filzstoffen je ein Quadrat von 25 x 25 cm zuschneiden. Die Herzform von der Vorlage auf Seite 40 ausschneiden und auf alle Teile übertragen. Sollen die Herzen größer oder kleiner werden als die Vorlage, diese vor dem Übertragen mit einem Kopierer entsprechend vergrößern oder verkleinern.
2. Die Quadrate links auf links ca. 3 mm von der jeweiligen Kante entfernt zusammensteppen, so dass ein großes Quadrat von 50 x 50 cm entsteht. Dabei darauf achten, dass alle Herzen gleich ausgerichtet sind.
3. Die Knöpfe mit dem Bastelkleber auf die vorgezeichneten Herzen kleben oder sie von Hand annähen. Dabei darauf achten, dass man immer in der Mitte des Herzens anfängt, damit die Knöpfe symmetrisch zueinander stehen (siehe auch Vorlage Nr. 5, S. 40).
4. Nun aus dem pinkfarbenen Filz ein Quadrat von 50 x 50 cm zuschneiden. Vorder- und Rückseite des Kissens links auf links aufeinander legen, die Kanten ca. 3 mm vom Rand weg zusammennähen. Eine Öffnung frei lassen, durch die das Füllkissen gesteckt wird.
5. Zum Schluss das Füllkissen in den Überzug stecken und die offene Seite sauber zusteppen.

Herzkissen

MATERIAL

- Filzstoff in Pink, 140 cm breit, 0,25 m
- Füllwatte
- dünner Filzstift in Schwarz
- Schere
- Nähmaschine
- Garn in Pink

SO WIRD ES GEMACHT

1. Aus dem Filz zwei Herzen zuschneiden. Dafür die Herzform von Seite 41 in gewünschter Größe zweimal auf den Filz übertragen und ausschneiden. Sollen die Herzen größer oder kleiner sein als die Vorlage, diese vor dem Übertragen mit einem Kopierer entsprechend vergrößern oder verkleinern.
2. Vorder- und Rückseite links auf links aufeinander legen und ca. 3 mm von der Kante weg zusammensteppen, dabei eine kleine Öffnung frei lassen.
3. Den Kissenüberzug mit der Füllwatte ausstopfen und die offene Seite anschließend sauber zustepp en.

TIPP

Um es als Duftkissen zu verwenden, mischen Sie zum Beispiel Lavendel und Rosenblätter mit der Wattefüllung. Es riecht herrlich und hält die Motten fern.

Das neue Pantoffelgefühl

Sie würden Ihre Gäste gern bitten, sich bei Ihnen die Schuhe auszuziehen, haben sich aber bisher nicht getraut? Mit diesen Pantoffeln können Sie es ruhig wagen, denn sie sind nicht nur angenehm zu tragen, sondern dazu auch noch sehr dekorativ. Und wenn Sie für jeden Gast sein eigenes Paar bereithalten, werden sich alle gleich viel mehr bei Ihnen zu Hause fühlen.

Die witzigen Kinderknöpfe können auch T-Shirts, Jeanshosen oder Taschen zieren

Gästepantoffeln

Größe:
Schuhgröße 35/36; 37/38; 41/42

Vorlage:
Nr. 7, S. 42

Schwierigkeitsgrad:
◆◆

Gästepantoffeln

MATERIAL

- Filzstoff in Grau, 160 cm breit, 2,5 mm dick, 0,30 m
- je ca. 11-13 Zierknöpfe
- 4 Reißverschlüsse 33 cm lang (Gr. 35-38)
- 2 Reißverschlüsse 36 cm lang (Gr. 41/42)
- evtl. rutschhemmende Sohle oder Plusterfarbe
- Karton
- dünner Filzstift in Schwarz
- Bastelkleber, Schere, Nähmaschine, Nadel, Garn

Für die Hängevorrichtung:
- Baststoff, 120 breit, 0,40 m
- Bambusstab, 50 cm lang, Durchm ca. 1 cm
- Kordel
- 1 Pckg. Bastfäden
- 6 Knöpfe
- Garn, farblich passend zum Baststoff

SO WIRD ES GEMACHT

1. Die Vorlage auf Seite 42 in der gewünschten Schuhgröße zuerst auf den Karton übertragen und ausschneiden. Die Kartonteile dann auf den Filz legen und die Konturen mit dem Filzstift nachfahren. Die Teile zuschneiden; Nahtzugaben sind dabei nicht notwendig.
2. Die entsprechenden Reißverschlüsse mit der Nähmaschine erst rundherum an die Sohlenteile, dann an die Oberteile annähen. Dafür am besten einen Zickzackstich verwenden.
3. Oberseite der Pantoffel nach Lust und Laune mit den Zierknöpfen verschönern. Dazu die Knöpfe mit dem Garn annähen oder mit dem Bastelkleber ankleben.

4. Die Pantoffel zuschließen. Wenn gewünscht, auf die Sohlen jeweils eine rutschfeste Unterlage kleben oder sie mit Plusterfarbe bemalen (ist in Bastelgeschäften erhältlich; eine „anschwellende" Farbe, die hinterher wie ein Schwamm aussieht, ist auch unter „puff-paint" bekannt).

Hängevorrichtung:
Den Baststoff auf ca. 100 x 40 cm zuschneiden. An den langen sowie an einer kurzen Seite den Rand ca. 1,5 cm weit ausfransen und mit Bastfäden umwinden, so dass er nicht mehr weiter ausfranst. Auf der vierten Seite den Rand zum Tunnel für den Bambusstab einschlagen und feststeppen. Die Knöpfe zum Aufhängen paarweise aufnähen. Den Bambusstab durch den Tunnel durchziehen, an den Enden die Kordel befestigen und die Matte an der Wand aufhängen. Im Fersenteil der Pantoffeln ein Knopfloch quer einschneiden und die Pantoffeln an die Bastmatte anknöpfen.

TIPP

Der Zuschneideplan auf Seite 42 zeigt Ihnen, wie Sie möglichst platzsparend die Vorlagen für alle drei Pantoffeln auflegen können. Verwenden Sie für Kindergrößen Dill-Knöpfe mit Schulmotiven. Die Pantoffeln für Erwachsene verzieren Sie entweder mit modischen Goldknöpfen für die Damen oder mit großen, „männlichen" Knöpfen für die Herren.

Kleine Schmuckparade

Eine Schmuckgarnitur – ausgefallen und individuell, das ist der Wunschtraum wohl jeder Frau. Und trotz der interessanten Optik sind diese Stücke kinderleicht und mit wenigen Handgriffen anzufertigen. Wirkungsvolle Accessoires, die sich jeder ohne viel Aufwand selbst gestalten kann.

Knebelknöpfe gibt es in verschiedenen Größen und Farben und sie sehen auch bunt gemixt super aus

Halskette
Größe:
Unisize

Schwierigkeitsgrad:
◆

Ohrringe
Größe:
Unisize

Schwierigkeitsgrad:
◆

Armband
Größe:
18 cm

Schwierigkeitsgrad:
◆

Halskette

MATERIAL

- Chenille-Band in Braun, ca. 3 m
  5 Knebelknöpfe
- 19 kleine Holzknöpfe
- Schere

SO WIRD ES GEMACHT

1. Das Chenille-Band mit der Schere in vier jeweils ca. 75 cm lange Stücke schneiden.
2. Die Knebelknöpfe zugleich auf alle vier Bänder auffädeln; dabei darauf achten, dass die Enden ca. 20 cm lang bleiben. Die Bänder oberhalb und unterhalb der Knebelknöpfe verknoten. Dadurch entsteht eine Schlaufe, die als Halskette dient.
3. Auf die offenen Enden die kleinen Holzknöpfe auffädeln. Sie dabei in unterschiedlicher Anzahl auf die einzelnen Bänder verteilen und ungleich hoch festknoten.

Ohrringe

MATERIAL

- 2 Creolen in beliebiger Größe (in Schmuck- und Bastelgeschäften erhältlich)
- 10 Holzknöpfe

SO WIRD ES GEMACHT

Die Knöpfe durch ein Loch auf die offenen Creolen auffädeln.

TIPP

Die Ohrringe können Sie im Handumdrehen immer wieder beliebig variieren, indem Sie neue Knöpfe in verschiedenen Farben und Größen passend zu Ihrer Garderobe hinzufügen.

Armband

MATERIAL

- 14 große Knebelknöpfe
- ca. 9 kleine Knöpfe
- rundes Gummiband, 70 cm
- Schere

SO WIRD ES GEMACHT

1. Das Gummiband mit der Schere in zwei gleich lange Stücke schneiden. Dann die Knebelknöpfe gleichzeitig auf beide Gummibandstücke auffädeln.
2. Die beiden Enden der Gummibänder so verknoten, dass die Knebelknöpfe eng zusammenstehen.
3. Zum Schluss die kleinen Knöpfe in unterschiedlicher Höhe auf die offenen Enden auffädeln und festknoten.

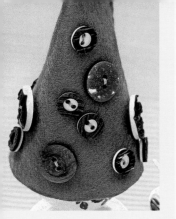

Ein Ei mit Mütze und Trachtenknöpfen! Witzig für den Brunch im Garten

Eierwärmer
Größe:
17 cm
Vorlage:
Nr. 8, S. 43
Schwierigkeitsgrad:
◆

Servietten-/ Besteckhalter
Größe:
18 x 8 cm
Schwierigkeitsgrad:
◆

Tischlein, deck dich...

Was Filz und Knöpfe so alles können: Auch als Material für Tischaccessoires eignen sie sich und setzen im eher rustikalen Ambiente ganz besondere Akzente. Mit wenig Aufwand können Sie so Ihre Gäste mit einem gedeckten Tisch der etwas anderen Art überraschen.

Eierwärmer

MATERIAL

- Filzstoff in Grün, 140 cm breit, 0,20 m (für 6 Eierwärmer)
- ca. 13 Knöpfe in verschiedenen Größen und Formen pro Eierwärmer
- Karton
- dünner Filzstift in Schwarz
- Bastelkleber
- Schere
- Nadel
- Garn, farblich passend zum Filzstoff

SO WIRD ES GEMACHT

1. Die Vorlage auf Seite 43 auf den Karton übertragen und mit der Schere ausschneiden. Auf den Filz legen, Konturen mit dem Filzstift nachfahren und ausschneiden. Dabei nur die geraden Kanten jeweils mit ca. 2 mm Nahtzugabe versehen.
2. Nun die verschiedenen Knöpfe harmonisch auf dem Filzstück verteilen. Sie können sie entweder annähen oder – noch einfacher – mit dem Bastelkleber aufkleben.
3. Abschließend die geraden Kanten links auf links legen und sie ca. 2 mm vom Rand entfernt mit kleinen Stichen nun von Hand zusammennähen.

TIPP

Wenn Sie Eierwärmer für Ihre Gäste nähen, dann wählen Sie für jeden den Filz in einer anderen Farbe aus. Das sieht witzig aus und gibt dem Gedeck für jeden Gast eine persönliche Note.

Servietten-/Besteckhalter

MATERIAL

- Filzstoff in Braun, 140 cm breit, ab 2 mm dick, 0,10 m
- Lederband, 60 cm
- 1 großer Knebelknopf

SO WIRD ES GEMACHT

1. Aus dem Filz – er sollte etwas dicker sein, damit der Servietten- bzw. Besteckhalter in Form bleibt – ein 18 x 8 cm großes Rechteck zuschneiden.
2. Den Filz um das Besteck oder um die Serviette wickeln und mit dem Lederband umschließen. Das Band dazu doppelt durch die Löcher des Knebelknopfs ziehen und dabei damit eine lockere Schlaufe bilden.

TIPP

Suchen Sie die Filzfarbe jeweils passend zum Eierwärmer aus – so verleihen Sie Ihren Gedecken ein harmonisches Aussehen.

Für alle, die ungern Knöpfe annähen: Für dekorative Zwecke halten sie mit Bastelkleber wunderbar

Nadelkissen
Größe:
10 x 10 cm

Schwierigkeitsgrad:

Rundes Duftkissen
Größe:
11 cm Durchmesser

Schwierigkeitsgrad:

Quadratisches Duftkissen
Größe:
14 x 14 cm

Schwierigkeitsgrad:

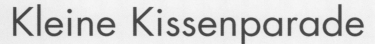

Kleine Kissenparade

Mal praktisch, mal dekorativ – mal rund, mal eckig. Kissen gibt es in vielen Formen und sie dienen ganz unterschiedlichen Zwecken. So finden Sie hier das gute alte Nadelkissen wieder, aber ebenso hübsche Duftkissen, die sich auch als Geschenk eignen.

Nadelkissen

MATERIAL

- Filzstoff in Dunkelblau, 140 cm breit, 0,10 m
- 6 Patchwork-Knöpfe (z.B. von Dill)
- Bastelkleber
- Füllwatte
- Schere
- Garn, farblich passend zum Filz

SO WIRD ES GEMACHT

1. Aus dem Filzstoff mit der Schere zwei 10 x 10 cm große Quadrate zuschneiden. Für die Hängeschlaufe einen ca. 8 x 1 cm langen Streifen aus dem Filz zuschneiden.
2. Auf ein Quadrat mit dem Bastelkleber die Knöpfe kleben. Dieses Quadrat auf das andere legen und beide zusammensteppen oder die Ränder zusammenkleben. Dabei eine Seite zum Füllen des Kissens offen lassen.
3. Zum Schluss die Watte einfüllen und die Öffnung von Hand sauber zunähen.

Rundes Duftkissen

MATERIAL

- Filzstoff in Hellblau, 140 cm breit, 0,15 m
- 20 Knöpfe für die äußere Reihe, Ø 1,8 cm
- 13 Knöpfe für die innere Reihe, Ø 1,5 cm
- Zirkel oder 1 runder Teller in der angegebenen Größe
- Bastelkleber
- Schere
- Füllwatte
- getrocknete Duftblüten oder Kräuter

SO WIRD ES GEMACHT

1. Auf den Filz mit dem Zirkel zwei Kreise von jeweils 11 cm Durchmesser zeichnen und sie mit der Schere ausschneiden. Statt des Zirkels kann man auch einen Teller in der gewünschten Größe verwenden.
2. Die erste Reihe der Knöpfe ca. 3 mm vom Rand entfernt mit dem Bastelkleber aufkleben. Dann nach innen die zweite Reihe aufkleben.
3. Die beiden Kreise rechts auf rechts am Rand aufeinander kleben, dabei eine kleine Öffnung für das Füllen frei lassen.
4. Nun das Kissen mit der Watte und duftenden Blüten oder Kräutern füllen. Die Öffnung verschließen.

Quadratisches Duftkissen

MATERIAL

- Filzstoff in Mittelblau, 140 cm breit, 0,15 m
- ca. 28 Knöpfe in verschiedenen Größen
- Füllwatte
- Bastelkleber
- Lavendel, Rosenblätter, etc.

SO WIRD ES GEMACHT

1. Aus dem Filzstoff zwei je 14 x 14 cm große Quadrate zuschneiden. Eines nach Belieben mit Knöpfen bekleben.
2. Das Quadrat auf das andere legen, am Rand zusammenkleben. Dabei eine kleine Öffnung zum Befüllen nicht vergessen! Mit Watte und Duftblüten füllen und den Schlitz zukleben.

Dekoratives fürs Büro

Utensilien wie Adressbuch und Notizblock, die eigentlich nur nützlich sind, können mit der richtigen „Bekleidung" zum individuell gestalteten persönlichen Begleiter werden und so dem Arbeitsalltag farbige Akzente verleihen.

Mit diesem ABC aus kleinen Knöpfen peppen Sie Ihr Verzeichnis mit den wichtigsten Adressen wieder auf

Hülle für Adressbuch
Größe:
Kalendergröße 8,5 x 15 cm

Vorlage:
Nr. 9, S. 43

Schwierigkeitsgrad:

Etui für Zettelblock
Größe:
für Post-it-Blocks
76 x 76 mm

Schemazeichnung:
Nr. 10, S. 43

Schwierigkeitsgrad:

Hülle für Adressbuch

MATERIAL

- Filzstoff in Lila, 140 cm breit, 0,20 m
- Filzstoff in Rot, 140 cm breit, 0,20 m
- 39 kleine Knöpfe in Rot, Ø 0,7 mm
- ca. 44 Knöpfe in Gelb für die Jahreszahl
- Bastelkleber
- Schere
- Zickzackschere
- evtl. Nadel und Garn

SO WIRD ES GEMACHT

1. Aus dem lila Filz mit der Schere zwei 8 x 18 cm große Rechtecke zuschneiden. Auf eine Seite entsprechend der Vorlage auf Seite 43 mit den kleinen Knöpfen das ABC kleben oder die Knöpfe von Hand annähen.
2. Aus dem roten Filzstoff ein Rechteck von 21 x 18 cm ausschneiden. Beide lila Rechtecke jeweils links auf links an beiden Seiten auf das rote Filzstück legen und ca. 1 cm von der Kante entfernt ansteppen.
3. Alle Außenkanten mit der Zickzackschere knapp vor der Steppnaht abschneiden.

Etui für Zettelblock

MATERIAL

- Filzstoff in Gelb, 140 cm breit, 0,20 m
- Klebefilz, 140 cm breit, 0,20 m
- 1 großer Knopf
- dünner Filzstift in Schwarz
- Schere
- Nähmaschine
- Bastelkleber
- Garn

SO WIRD ES GEMACHT

1. Aus dem gelben Filzstoff ein Rechteck von 24 x 9 cm ausschneiden. Den Klebefilz in derselben Größe zuschneiden und das Filzstück damit bekleben. Von der Vorlage auf Seite 43 den Schnitt auf den gelben Filz übertragen und ausschneiden.
2. Aus dem übrig gebliebenen Filz entsprechend der Vorlage auf Seite 43 einen Streifen für die Halterung des Blocks zuschneiden. Ihn wie angegeben auf die Innenseite des Etuis legen und an den Längsseiten des Etuis schmalkantig ansteppen.
3. Auf der rechten Stoffseite, wie auf der Vorlage auf Seite 43 zu sehen, den Knopf annähen. Knopfloch in passender Größe schneiden. Den Post-it-Block nun in den Halterungsstreifen einhängen.

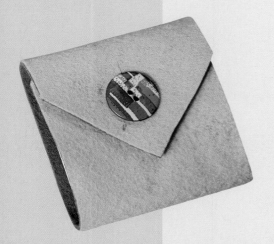

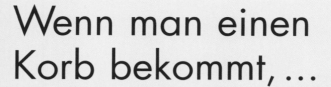

Wenn man einen Korb bekommt, …

…ist man normalerweise wenig begeistert. Doch diese Körbe werden bei den Beschenkten sicher großen Anklang finden. Die Variationsvielfalt, die sich hier für das Dekorieren bietet, lässt der Fantasie einen breiten Spielraum.

Wenn Sie auf die Schnelle etwas Besonderes zum Verschenken brauchen: Knöpfe zum Verzieren finden sich immer

Geschenkkorb
Größe:
für alle Korbformen
Schwierigkeitsgrad:
◆

Geschenkkorb

MATERIAL

- 1 Korb
- Lederbänder in verschiedenen Farben
- ca. 40 Knöpfe in verschiedenen Formen und Größen
- Drahtfaden für die kleineren Knöpfe
- Zange
- Schere

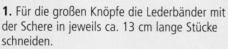

SO WIRD ES GEMACHT

1. Für die großen Knöpfe die Lederbänder mit der Schere in jeweils ca. 13 cm lange Stücke schneiden.
2. Die Knöpfe mit Hilfe der Bänder gleichmäßig über die ganze Korboberfläche verteilt an den Korb binden.
3. Die kleinen Knöpfe mit Draht am Korb befestigen, da ihre Löcher für die Bänder zu klein sind. Dazu den Draht mit der Zange in kleinere Stücke zerschneiden.
4. Jeweils einen Knopf auf ein Drahtstück auffädeln und den Draht am Korb befestigen. Dabei auf eine gleichmäßige Verteilung der Knöpfe achten.

TIPP

Statt mit Lederbändern können Sie alle Knöpfe mit bunten Stoffbändern am Korb anbringen. Diese schöne Idee lässt sich für alle Korbformen und mit vielen Knopfvariationen realisieren und Sie benötigen keine Geschenkverpackung mehr! Schöne Körbe in vielen Größen und Formen gibt's zum Beispiel in Blumen- sowie in Hobby- und Bastelgeschäften.

Die Karten immer dabei

Sie wollen einem zünftigen Kartenspieler etwas Passendes zum Geburtstag oder zu Weihnachten schenken, wissen aber nicht, was? Wie wäre es mit dieser attraktiven, selbst genähten Spielkartenbox? Ein individuelles Geschenk, mit dem Sie einem passionierten Kartenspieler sicher eine besondere Freude bereiten können.

Auch mit Knöpfen kann man spielen – vorausgesetzt, man beherrscht die Nähkunst!

Spielkartenbox
Größe:
Boxgröße 12,5 x 10 cm

Schemazeichnung und Vorlage:
Nr. 11, S. 44

Schwierigkeitsgrad:
◆

Spielkartenbox

MATERIAL

- Filzstoff in Grau, 140 cm breit, 0,15 m
- Klebefilz in Blau, 140 cm breit, 0,15 m
- 10 Knöpfe mit Spielkartenmuster
- Bastelkleber
- Schere
- Nadel
- Garn in Grau

SO WIRD ES GEMACHT

1. Aus dem grauen Filz und aus dem Klebefilz mit der Schere jeweils einen Streifen von 34 x 12,5 cm zuschneiden.

2. Entsprechend der Schemazeichnung auf Seite 44 auf dem grauen Filz ca. 4 cm von der einen Schmalseite entfernt neun der Spielkartenknöpfe annähen, den Schließknopf 9 cm von der anderen Schmalseite entfernt annähen. Die zwei Filzschichten säuberlich zusammenkleben.

3. Aus dem Klebefilz zwei Streifen von jeweils ca. 17 x 3,5 cm zuschneiden und sie zusammenkleben. Sie entsprechend der Vorlage auf Seite 44 zurechtschneiden. Diese Seitenteile, beginnend von der Seite ohne Knopfstickerei, links auf links auf den langen Filzstreifen legen und mit einem kleinen Stich von Hand rundherum festnähen. So entsteht eine Tasche für die Aufbewahrung der Karten.

4. Zwischen den neun Knöpfen und dem Filzrand das Knopfloch entsprechend der Größe des Schließknopfes ausschneiden, wie auf der Schemazeichnung angegeben.

TIPP

Um der Schachtel mehr Stand zu geben, legen Sie einen passend geschnittenen Karton hinein.

Sollte das Knopfdesign mit „Kartengesichtern" Sie begeistern, so können Sie diese Knöpfe beliebig auch auf T-Shirts und Taschen anbringen oder Schmuck, z.B. Armbänder mit durchgezogenen Gummifäden, damit gestalten.

Attraktive Streifen

Einem Wohnraum ohne viel Aufwand immer wieder ein etwas anderes Aussehen, eine andere Atmosphäre verleihen? Durch die Variationsvielfalt, die dieses Vorhangmodell in sich birgt, ist das ein Kinderspiel. Und allein die Fertigungsart mit aneinander geknöpften Streifen macht diesen Vorhang schon zu etwas Besonderem.

Knöpfen und Abknöpfen, was das Zeug hält! Einziges Handicap: Man muss Knopflöcher nähen können

Vorhang
Größe:
der Fensterhöhe anpassen
Schwierigkeitsgrad:

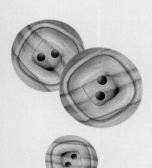

Vorhang

MATERIAL

- Baumwoll- oder Leinenstoff in verschiedenen Farben, 150 cm breit, jeweils ca. 0,60 m
- Baumwollband, 3,60 m
- je 6 Knöpfe pro Stoffbahn
- Schere
- Nähmaschine
- Nadel
- Garn, farblich passend zu den Stoffen

SO WIRD ES GEMACHT

1. Aus den Baumwoll- bzw. den Leinenstoffen mit der Schere mehrere 60 cm lange Streifen zuschneiden. Die Nahtzugabe ist hierin bereits enthalten.
2. Die Stoffstreifen an allen Seiten umbügeln und mit der Nähmaschine einen 2,5 cm breiten Saum (Knopfleiste) absteppen.

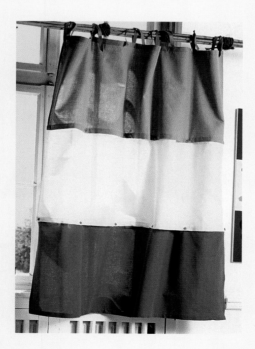

3. Für den obersten Stoffstreifen aus dem fertigen Baumwollband mit der Schere sechs jeweils 45 cm lange Bindebänder zuschneiden und sie zur Mitte falten.
Die Bänder jeweils mit der Mitte in regelmäßigen Abständen an die obere Kante des Stoffstreifens annähen. Sie später um die Vorhangstange knoten und den Vorhang so aufhängen.
4. In die untere Kante des Streifens, angefangen vom Seitenrand, sechs Knopflöcher in denselben Abständen einarbeiten, in denen die Bänder angebracht sind.
(Siehe Grundkurs S. 38/39)
5. Beim untersten Stoffstreifen an die obere Kante sechs Knöpfe annähen – die untere Kante benötigt keine Knopflöcher.
6. Bei allen anderen Stoffstreifen jeweils in die obere Kante, angefangen vom Seitenrand, in gleichen Abständen sechs Knopflöcher einarbeiten und an die untere Kante nun sechs Knöpfe annähen.
7. Alle Stoffstreifen können in beliebigen Farb kombinationen aneinander geknöpft werden. Somit können Sie den Vorhang immer wieder neu gestalten, wie auf den Fotos zu sehen ist.

TIPP

Wenn Sie die Streifen in unterschiedlichen Breiten nähen, erzielen Sie einen zusätzlichen interessanten Effekt.

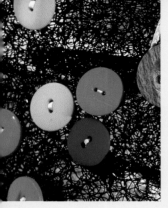

Fröhlich & bunt

So viele Knöpfe in kräftigen bunten Farben – die heben doch gleich die Stimmung und lassen gute Laune aufkommen! Mit einer solchen Tasche macht es sogar an trüben Tagen Spaß, seine Besorgungen zu erledigen.

Taschen kann man nie genug haben – und selbst gemachte haben einen besonderen Wert

Tasche
Größe:
20 x 26 cm

Vorlage:
Nr. 12, S. 45

Schwierigkeitsgrad:
◆◆

Tasche

MATERIAL

- Bastmaterial, 120 breit, 0,25 m
- 1 Bambusring (Bastelgeschäft)
- ca. 23 bunte Knöpfe
- 1 großer Holzknopf
- Bastfaden
- dünner Filzstift
- Schere
- Nadel

SO WIRD ES GEMACHT

1. Die Vorlage von Seite 45 zweimal mit dem Filzstift auf den Stoff übertragen und die Teile mit der Schere ausschneiden.
2. Auf einer Seite harmonisch verteilt die bunten Knöpfe mit den Bastfäden annähen.
3. An dem oberen Rand der Tasche den Bambusring mit Bastfäden befestigen. Die Taschenteile jeweils mit der rechten Seite nach oben aufeinander legen und mit Bast von Hand umnähen. An der Vorderseite den großen Holzknopf zum Verschließen der Tasche mit einem Bastfaden annähen.
4. Aus Bastfäden einen ca. 20 cm langen Zopf flechten und beide Enden an der hinteren Taschenseite mittig an der Öffnung befestigen. So entsteht eine Schlaufe, die man über den Holzknopf zieht, um diese Tasche zu schließen.

TIPP

Die Tasche können Sie auch aus einer Strohmatte, aus Baststoff, starkem Filz und anderen Fantasiematerialien arbeiten.

Dieser Schnitt kann durchaus auch für zwei Bambusringe verwendet werden. In dem Fall müssen Sie beide Taschenseiten an die Ringe hängen und mit Bastfäden befestigen.

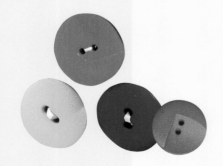

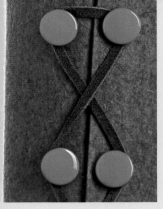

Eine tolle Wirkung ganz schnell erzielt. Dafür braucht man weder Näherfahrung noch eine Nähmaschine!

Flaschenverkleidung mit Schnürung
Größe:
24 x 23 cm

Schwierigkeitsgrad:

Flaschenverkleidung mit Holzknopf
Größe:
25 x 30 cm

Schwierigkeitsgrad:
◆

Attraktiv umhüllt

Flaschen gibt es heute in den unterschiedlichsten Farben und Formen. Um sie auf dem Tisch oder als Geschenk noch dekorativer wirken zu lassen, kann man sie „anziehen". Ob eher streng oder mit weicheren Linien, das hängt von Ihrem Geschmack, von der Gestaltung des Tisches beziehungsweise von der Vorliebe des Beschenkten ab.

Flaschenverkleidung mit Schnürung

MATERIAL

- Filzstoff in Pink, 140 cm breit, 0,25 m
- 6 Knöpfe
- Lederband, 70 cm
- 1 Flasche
- Nadel
- Garn, farblich passend zum Filzstoff
- Schere

SO WIRD ES GEMACHT

1. Aus dem Filzstoff mit der Schere nun ein 24 x 23 cm großes Rechteck zuschneiden.
2. Auf einer Seite des Rechtecks am Rand drei Knöpfe in Abständen von jeweils ca. 6 cm annähen. Auf der gegenüberliegenden Seite parallel dazu, aber ca. 4 cm vom Rand entfernt, die anderen drei Knöpfe annähen.

3. Den Filz so um die Flasche wickeln, dass die Seitenränder mit den Knöpfen nebeneinander liegen. Nun mit dem Lederband verschnüren, wie es auf dem Foto zu sehen ist, und die Bandenden zu einer Schleife binden.

Flaschenverkleidung mit Holzknopf

MATERIAL

- Filzstoff in Grün, 140 cm breit, 0,25 m
- 1 großer Holzknopf
- 40 cm Lederband
- 1 Flasche
- Schere
- Nadel
- Garn, farblich passend zum Filzstoff

SO WIRD ES GEMACHT

1. Aus dem Filzstoff mit der Schere ein 25 x 30 cm großes Rechteck zuschneiden.
2. Auf der rechten Seite ca. 7 cm vom unteren und 3 cm vom seitlichen Rand entfernt den Knopf annähen. Links in gleichem Abstand vom Rand einen kleinen Schlitz einschneiden, das Lederband durchziehen und an der Innenseite festknoten.
3. Mit dem Filzstück die Flasche „anziehen" und das Lederband mehrmals um den Knopf wickeln. Nun die obere Seite umkrempeln. So erhält die Flasche eine hübsche „Jacke".

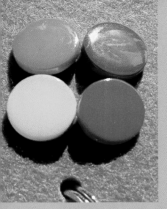

Bei dünnerem Filz können Sie mehrere Schichten zusammenkleben

Schlüsselanhänger
Größe:
Ø 7 cm
Schwierigkeitsgrad:
◆

Visitenkartenetui
Größe:
7 x 9 cm oder entsprechend der Größe Ihrer Visitenkarten
Schwierigkeitsgrad:
◆

Praktisch zum Einstecken

Nie mehr die Schlüssel suchen – mit diesem auffälligen Schlüsselanhänger haben Sie Ihren Schlüsselbund immer gleich im Blick und finden ihn auch in jeder Handtasche schneller. Und endlich können Sie auch Ihre Visitenkarten problemlos einstecken – in diesem Etui sind sie gut geschützt.

Schlüsselanhänger

MATERIAL

- Filzstoff in Rot, 140 cm breit, mindestens 2,5 mm dick, 0,10 m
- 4 bunte Knöpfe
- 1 großer Knopf
- 1 Schlüsselring
- Zirkel
- Locher
- Schere
- Nadel
- Garn
- evtl. Bastelkleber

SO WIRD ES GEMACHT

1. Auf dem Filzstoff nun mit dem Zirkel einen Kreis in beliebiger Größe zeichnen und ihn mit der Schere ausschneiden.
2. Jetzt mit dem Locher ein Loch in den Filzstoff stanzen und den Schlüsselring durchziehen.
3. Auf der einen Seite die bunten Knöpfe mit dem Garn annähen. Dabei auf der Rückseite den großen Knopf als Gegenknopf annähen, damit man keine Stiche sieht.

TIPP

Sollte das Filzmaterial zu dick sein und Sie mit der Nadel nicht durchstechen können, dann können Sie die Knöpfe auch einfach mit etwas Bastelkleber aufkleben.

Visitenkartenetui

MATERIAL

- Filzstoff in Lila, 140 cm breit, 0,10 m
- 3 bunte Knöpfe
- Schere
- Nähmaschine
- Nadel
- Garn, farblich passend zum Filzstoff

SO WIRD ES GEMACHT

1. Aus dem Filz zunächst mit der Schere zwei 7 x 9,3 cm große Rechtecke zuschneiden. Hier ist die Nahtzugabe von je 0,3 mm an den Längsseiten mit eingerechnet.
2. Auf einem Rechteck an einer Schmalseite die Knöpfe in einer Reihe aufkleben oder von Hand annähen.
3. Die beiden Filzlagen links auf links aufeinander legen und ca. 3 mm vom Rand weg drei Kanten zusammensteppen. Dann durch die Öffnung die Visitenkarten hineinstecken.

TIPP

Diese Modelle, die besonders leicht zu arbeiten sind, eignen sich prima als Geschenk. Sie sind schnell gemacht und können aus Filz- oder aus Lederresten genäht werden.

Grundkurs Nähen

Stoffschnitt und dazu erforderliche Arbeitsmaterialien

Zum Zuschneiden von Stoffen benötigen Sie eine Schneidematte, ein Schneidelineal und einen Rollschneider. Mit ihm lassen sich problemlos auch mehrere Lagen Stoff gleichzeitig schneiden. Bei der Verarbeitung von Streifen- und Karostoffen ist es allerdings günstiger, jeweils nur eine Lage zu schneiden, weil man so dem Musterverlauf exakter folgen kann. Notwendig ist auch eine gute Stoffschere; sie erleichtert das genaue Zuschneiden von Rundungen und Applikationsmotiven. Ein weiteres Hilfsmittel sind Markierungsstifte (z.B. von Prym), die sich durch Anfeuchten mit Wasser auflösen. Für dunklere Stoffe eignet sich ein heller Kreidestift oder ein Silberstift (beide z.B. von Prym). Bitte erst an einem Probestück testen, ob sich der Stift auch wieder problemlos entfernen lässt. Stecknadeln sind unerlässlich, wenn zugeschnittene Teile passgenau aufeinander fixiert werden sollen.

Schnittmuster vergrößern

Die Schnittmuster im Vorlagenteil sind so weit wie möglich in Originalgröße abgedruckt. Bei den Vorlagen, die zu vergrößern sind, bitte den Vergrößerungsfaktor beachten, der auf dem Kopierer einzustellen ist.

Nahtzugabe

Wenn keine Angabe zur Nahtzugabe gemacht wurde, beträgt sie normalerweise 0,75 cm an jeder Seite für das Zuschnittmaß, also insgesamt 1,5 cm. Die meisten Nähmaschinen besitzen einen Standard-Nähfuß, bei dem der Abstand zwischen der mittleren Nadelposition und dem äußeren rechten Rand des Fußes genau 0,75 cm beträgt. Bei Maschinen mit einer anderen Nahtbreite entweder die Nadelposition verändern oder die Nahtzugabe von 0,75 cm mit einem Klebestreifen auf der Nähplatte markieren. Die Schnittmuster im Vorlagenteil enthalten keine Nahtzugabe. Werden abgerundete Formen genäht, die Nahtzugaben bis kurz ivor die Naht einschneiden. Bei Ecken die Nahtzugabe jeweils bis knapp vor die Naht abschneiden.

Knopfleiste

Die Knopfleisten werden auf der Rückseite einer Kissenhülle auf ca. 1/3 der Höhe gearbeitet.

So wird es gemacht:

1. Zur notwendigen Zuschnitthöhe der Kissenrückseite 15 cm hinzurechnen, den Stoff zuschneiden und auf ca. 1/3 der Höhe quer durchteilen.
2. Die beiden so entstandenen Kanten zweimal je 3 cm nach innen umschlagen, bügeln und feststeppen.
3. In die so vorbereitete Kante des größeren Teils die Knopflöcher einarbeiten. Bei einer Kissenbreite von 40 cm reichen drei Knopflöcher, bei größeren Teilen braucht man entsprechend mehr.
4. Ober- und Unterseite der Kissenrückseite jetzt so aufeinander stecken, dass die Knopflochleiste auf der Knopfleiste liegt.
5. Kissenvorder- und -rückseite rechts auf rechts zusammenstecken und -nähen. Nun die Kissenhülle wenden.
6. Die Knöpfe entsprechend den Knopflöchern annähen.

Knopflöcher

Für das Maschinenknopfloch haben Sie ein spezielles Füßchen und Programm an der Nähmaschine. Sie können es aber auch mit einem einfachen Zickzackstich einarbeiten.

So wird es gemacht:

1. Auf der fertig gesteppten Knopfleiste die Knopflöcher einzeichnen. Die Größe des Knopflochs sollte minimal größer als die des entsprechenden Knopfes sein.
2. Mit Zickzackstich steppen. Dabei beachten, dass die Stichlänge möglichst eng ist und die Stichbreite ca. 2 mm beträgt. Für den Riegel den Stich auf doppelte Breite, also auf 4 mm einstellen und dann einige Stiche hin und her steppen. Zum Drehen des Stoffes jeweils die Nadel im Stoff stecken lassen, damit das Teil nicht verrutscht, das Füßchen hoch stellen und den Stoff unter der Maschine drehen.
3. Anschließend die Stichbreite wieder auf 2 mm einstellen, das Knopfloch fertig nähen. Die Fäden auf der linken Seite vernähen.
4. Das Knopfloch mit einer spitzen Schere oder einem Pfeiltrenner vorsichtig aufschneiden. Bei Nähmaschinen mit Knopflochautomatik genau der Anleitung folgen!

Reißverschluss einnähen

Reißverschlüsse können z.B. auf die Rückseite oder in die Naht zwischen Vorder- und Rückseite einer Kissenhülle eingearbeitet werden. Die Nahtzugabe für einen Reißverschlusseinsatz beträgt 1 cm auf jeder Seite. Wird der Reißverschluss auf die Kissenrückseite gearbeitet, den Stoff um insgesamt 2 cm breiter zuschneiden. Die Rückseite auf ungefähr 1/3 der Höhe quer teilen und zwischen den beiden Teilen den Reißverschluss einnähen. Unabhängig davon, wo der Reißverschluss eingearbeitet werden soll, ist die Vorgehensweise dieselbe.

So wird es gemacht:

1. Die Stoffkanten, die längs des Reißverschlusses verlaufen, mit Zickzackstich übernähen (versäubern), so dass sie nicht mehr ausfransen können.
2. Beide Stoffteile rechts auf rechts legen und mit Stecknadeln markieren, wie weit der Reißverschluss auf der Oberseite des fertigen Kissens zu sehen sein soll.
3. Von der Außenkante bis zur ersten Markierung mit kleinen Stichen nähen, dann die Naht verriegeln.
4. Zwischen den Markierungen mit großen Stichen – Stichlänge 5 – weiternähen. An der zweiten Markierung wieder verriegeln und mit kleinen Stichen fertig nähen.
5. Die Stoffteile auseinander klappen und die Nahtzugaben auseinander bügeln. Die großen Nähstiche zwischen den Markierungen auftrennen.
6. Den Reißverschluss unter die entstandene Öffnung legen und mit Stecknadeln fixieren. Mit dem Reißverschlussfuß der Nähmaschine einnähen.
7. Beim Zusammennähen von Vorder- und Rückenteil der Kissenhülle muss der Reißverschluss geöffnet sein.

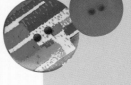

Nummer 4
Lampenschirm
Seite 12

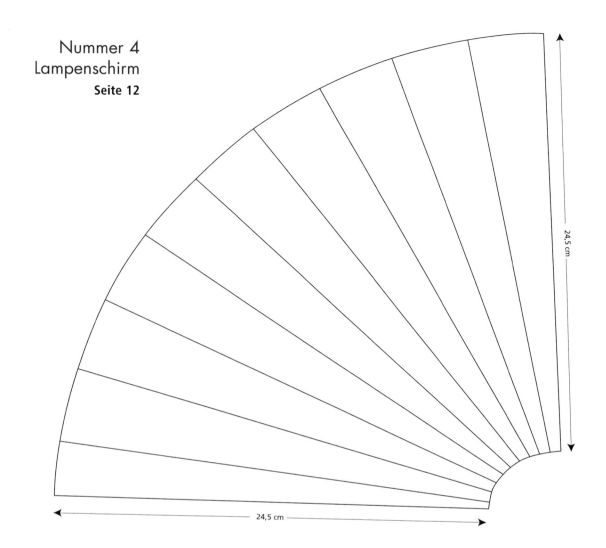

24,5 cm

24,5 cm

Nummer 5
Kissen mit Herz
Seite 14

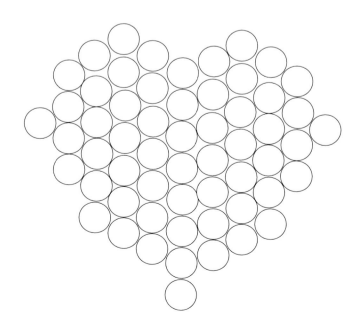

Nummer 2
Tasche
Seite 8
Originalgröße

Nummer 6
Herzkissen
Seite 14
Vorlage um 200% vergrößern

Taschenöffnung

Nummer 1
Schmetterlingsbild
Seite 6
*Vorlage um 120%, 180%
und 280% vergrößern*

41

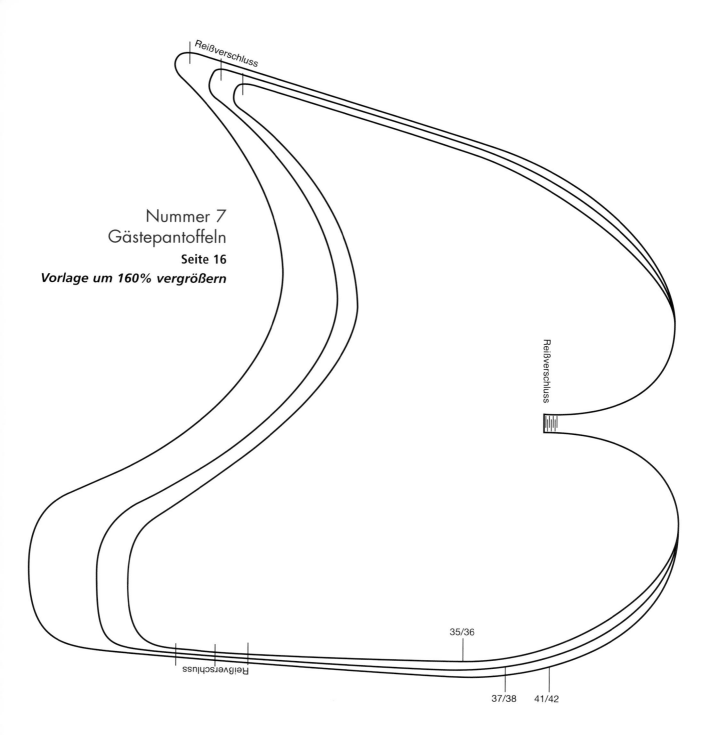

Reißverschluss

Nummer 7
Gästepantoffeln
Seite 16
Vorlage um 160% vergrößern

Reißverschluss

Reißverschluss

35/36

37/38   41/42

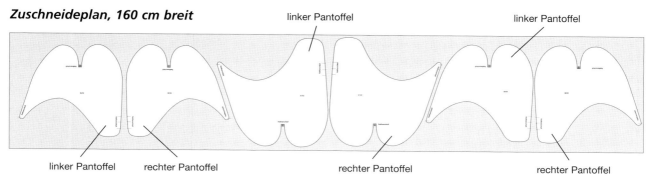

Zuschneideplan, 160 cm breit

linker Pantoffel

linker Pantoffel

linker Pantoffel   rechter Pantoffel   rechter Pantoffel   rechter Pantoffel

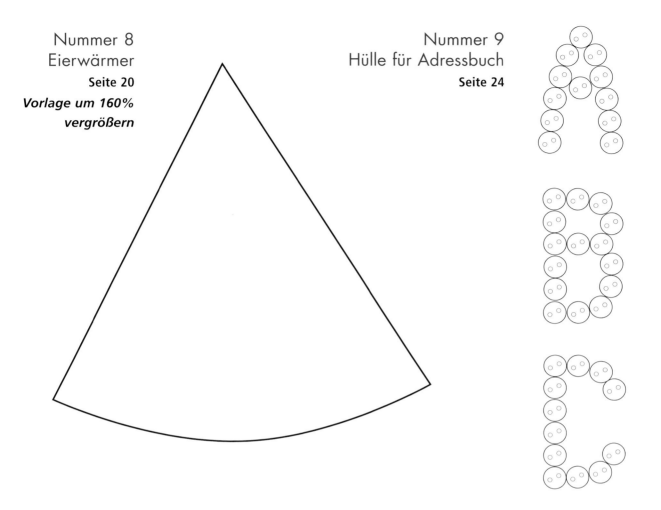

Nummer 8
Eierwärmer
Seite 20
Vorlage um 160%
vergrößern

Nummer 9
Hülle für Adressbuch
Seite 24

Nummer 10
Etui für Zettelblock
Seite 24

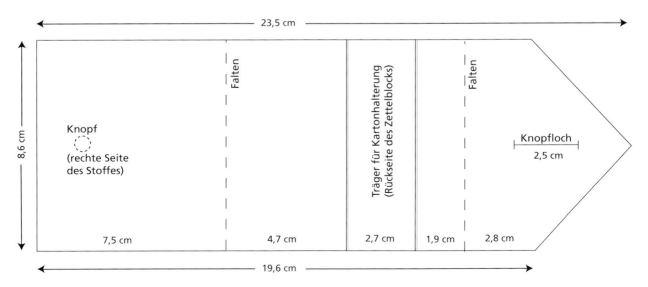

23,5 cm

8,6 cm

Falten

Träger für Kartonhalterung
(Rückseite des Zettelblocks)

Falten

Knopf

(rechte Seite
des Stoffes)

Knopfloch
2,5 cm

7,5 cm

4,7 cm

2,7 cm

1,9 cm

2,8 cm

19,6 cm

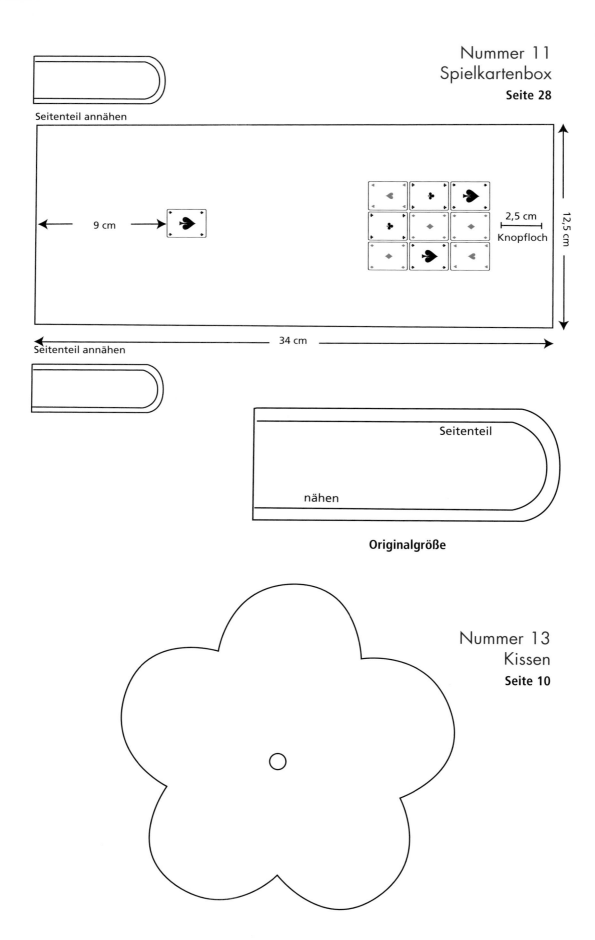

Seitenteil annähen

9 cm

2,5 cm
Knopfloch

12,5 cm

34 cm

Seitenteil annähen

Seitenteil

nähen

Originalgröße

Nummer 12
Tasche
Seite 32
Vorlage um 140% vergrößern

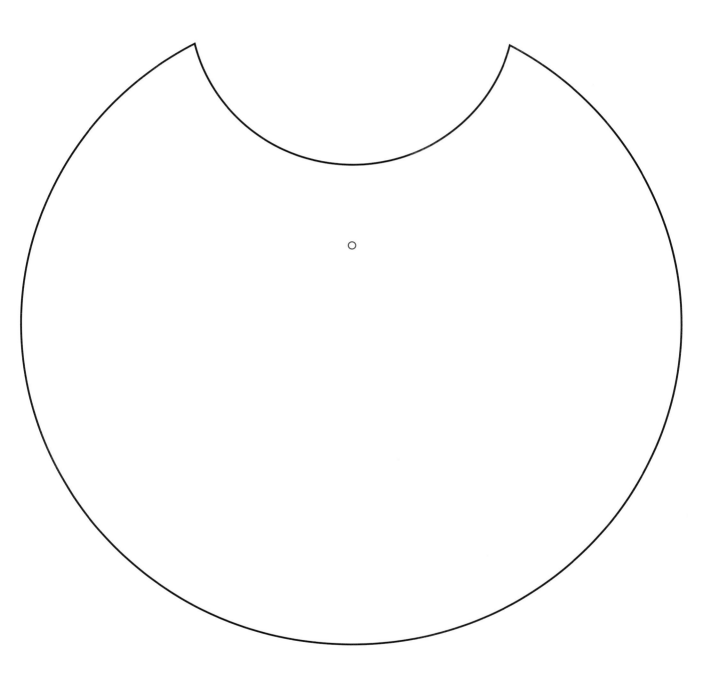

Impressum

Entwurf und Ausführung der Modelle:
Narcisa Bayer

Lektorat:
Dr. Gabriele Schweickhardt, Frankfurt/M.

Redaktion:
Anke Sturm

Fotos:
Thomas Huber

Styling:
Narcisa Bayer

Umschlaggestaltung:
Christiane Kölble

Layout:
Dieter Richert, www.designreporter.com

Vorlagen u. Schemazeichnungen:
Kevin Lange
Das Druckbüro, Ortenberg

Reproduktion:
Baun PrePress, Fellbach

Druck und Bindung:
Nørhaven Book A/S, Viborg

ISBN 3-89858-689-8

© 2005 im OZ Verlag GmbH,
Rheinfelden, Buchverlag OZ creativ,
Freiburg i. Br.

Danksagung
Wir bedanken uns bei folgenden Firmen, die
uns netterweise die benötigten Materialien
und Wohnaccessoires zur Verfügung gestellt
haben:

Johanna Daimer - Filze aller Art
München

Hans Dill - Knopffabrik
Bärnau/Bayern

Wohn Aktiv
Kehl-Sundheim